Est-ce que je devrais mettre un vêtement chaud ou léger quand il fait froid dehors?

Est-ce que je devrais traverser au milieu
ou au coin de la rue?

Je m'arrête, je réfléchis... et je fais le bon choix!

Est-ce que je devrais copier les réponses de ma camarade de classe?

Est-ce que je devrais dire la vérité,
même si c'est difficile?

Est-ce que je devrais crier très fort
ou expliquer calmement ce que je ressens?

Je m'arrête, je réfléchis... et je fais le bon choix!

Est-ce que je devrais prendre quelque chose
qui ne m'appartient pas?

Est-ce que je devrais monter l'escalier en marchant
ou en courant?

Est-ce que je devrais dire des choses gentilles ou
des choses méchantes à mes camarades de classe?

Je m'arrête, je réfléchis... et je fais le bon choix!

Est-ce que je devrais faire quelque chose qui n'est pas
bien parce que mon amie me dit de le faire?

Est-ce que je devrais suivre un étranger?

Je m'arrête, je réfléchis... et je fais le bon choix!
Nomme deux bons choix que tu as faits aujourd'hui.